AF330425

LA
CAMPAGNE DU DUC DE GUISE

DANS L'ORLÉANAIS

En Octobre et Novembre 1587

PAR

M. G. BAGUENAULT DE PUCHESSE

Président de la Société archéologique et historique de l'Orléanais.

ORLÉANS

H. HERLUISON, LIBRAIRE-ÉDITEUR

17, RUE JEANNE-D'ARC, 17

—

1885

LA CAMPAGNE DU DUC DE GUISE

DANS L'ORLÉANAIS

EN OCTOBRE ET NOVEMBRE 1587.

La dernière guerre qui précéda en France le triomphe de la Ligue se passa tout entière dans l'Orléanais. Après avoir tant souffert, deux fois déjà, des prises d'armes des protestants, notre province devait supporter tout le poids de l'invasion d'une armée allemande considérable qui, réunie à la voix éloquente du vieux Théodore de Bèze, venait donner la main, sur les bords de la Loire, aux troupes victorieuses du jeune roi de Navarre. Henri III avait longtemps hésité avant de se décider à défendre le royaume contre des étrangers qui pouvaient, dans sa pensée, lui servir d'alliés contre ses propres sujets. L'opinion indignée des Parisiens le poussa à recruter une petite armée (1), qu'il voulut commander lui-même, prenant pour lieutenant son favori d'Épernon, et bien décidé à observer les combattants, sans se mêler sérieusement à la lutte. La

(1) *Édit du roi pour assembler son armée, pour aller au-devant des Allemands.* Donné à Meaux, le 23 juin 1587. *Mémoires de la Ligue*, t. II, p. 196.

tâche difficile de repousser les Allemands fut dévolue au duc de Guise, que le roi avait pourvu d'assez mauvaises troupes, et qu'il se gardait bien de seconder, dans l'espoir de profiter de ses échecs et de ruiner sa popularité par une suite d'insuccès. Henri de Lorraine voyait clairement le piège, mais il ne pouvait abandonner le parti catholique dont il s'était fait le chef ; et puis, il avait en lui-même et dans ses fidèles partisans des éléments de résistance dont on devait tirer bon parti. De même qu'à Coutras une poignée de braves, résolument conduits par Henri de Bourbon, avait écrasé les belles troupes de Joyeuse, ainsi Guise, seul en présence d'armées bien équipées, parvint à épuiser, par d'incessantes escarmouches, un ennemi incertain dans sa marche, qu'il finit par forcer à la retraite, après une campagne de deux mois.

Ce sont les manœuvres savantes dont l'Orléanais fut le théâtre que nous voudrions suivre pas à pas, à l'aide de documents dont quelques-uns n'ont pas encore été utilisés (1). Nous pourrons ainsi envisager concurremment la marche des trois armées en présence : celle du roi, celle des protestants et celle du duc de Guise (2).

La petite croisade huguenote qui s'était organisée en Allemagne, pour venir au secours des protestants français, avait pour chef politique Jean-Casimir, duc de Bavière. C'était avec lui que négociaient, au commencement de

---

(1) En dehors des pièces inédites que nous indiquons plus loin, il existe toute une série de publications contemporaines du plus grand intérêt, connues sous le nom de plaquettes, et qui la plupart sont tellement rares qu'elles font le désespoir ou le bonheur des bibliophiles. On en trouvera, dans un *Appendice* spécial, la liste aussi complète que possible.

(2) C'est le but de la carte que nous avons annexée à ce travail.

janvier 1587, les représentants du roi de Navarre, François de Ségur-Pardailhan et Jean de Chaumont-Guitry, pour obtenir « une bonne, grande et forte armée, composée de reistres bien montez et armez, avec gens de pieds Allemans, Suisses et autres. » La reine d'Angleterre fournissait un subside de cent cinquante mille florins. On fut longtemps à organiser la levée des mercenaires ; quelques-uns exigèrent des capitulations en règle, et étaient tentés de prendre des sûretés pour leur solde. L'armée ne fut prête et rassemblée à Oppenheim qu'à la fin de juillet. On était près de Mayence, où le passage du Rhin s'opéra sans difficulté. Le duc de Bavière avait fait choix pour général du baron de Dohna, caractère souple, mais sans génie militaire et manquant de la décision nécessaire pour commander une armée composée d'éléments aussi hétérogènes. La revue du 15 août 1587 présenta un bel effectif de vingt et une cornettes de reîtres formant un ensemble de huit à neuf mille chevaux, avec un armement irréprochable. A ces forces vint se joindre le petit corps français, amené par le duc de Bouillon, qui se composait principalement de gentilshommes protestants réfugiés à Montbéliard, puis le contingent suisse, comprenant trois régiments, avec un effectif de quinze à seize mille hommes, et commandés par le colonel général Clervant, l'un des meilleurs hommes de guerre de son temps. Michel de la Huguerie, secrétaire et confident de Jean-Casimir, servait de lien entre lui et les représentants du roi de Navarre, qui suivaient également l'armée (1).

On aurait fort à faire pour rapporter en détail les pil-

______

(1) Nous renverrons ici, une fois pour toutes, aux *Mémoires de Michel de la Huguerie*, publiés avec tant d'érudition, pour la *Société de l'histoire de France*, par M. A. DE RUBLE, t. III, *passim*.

lages et les exactions commises dès leur entrée en France
par ces bandes avides et indisciplinées. Le duc de Lorraine,
Charles III et Henri de Guise défendirent de leur mieux
leur pays sans pouvoir lui éviter toutes les horreurs
d'une invasion rendue plus terrible encore par la violence
des haines religieuses. Le Balafré était du reste trop peu
garni de troupes pour faire autre chose qu'épuiser l'ennemi par une suite de petites attaques habilement com-
binées. Les Allemands cherchaient une bataille rangée, qui
les aurait rendus maîtres du pays, et leur aurait permis
de souffrir moins cruellement des pluies persistantes qui
amenèrent dans leurs rangs une mortalité effroyable. Après
deux mois de campagne, leur effectif se trouvait diminué
de douze mille hommes, et plusieurs des chefs principaux
étaient morts de la dyssenterie. Au commencement d'octobre, ils s'étaient décidés à marcher en avant ; et, après
avoir traversé la Champagne, ils passaient l'Yonne, semblant avoir pour objectif d'opérer leur jonction avec le
Béarnais.

Toujours harcelés par les faibles forces du duc de Guise,
ils attaquaient le 15 octobre La Charité, comptant s'emparer par surprise de cette place et passer la Loire
ensuite ; mais ils rencontrèrent pour la première fois
devant eux les troupes royales (1), commandées par
Henri III et le duc d'Épernon. Quelques escarmouches s'en
suivirent qui retardèrent leur marche, et le 22 octobre 1557,
toute l'armée d'invasion se trouvait réunie près de Neuvy.
Les chefs tinrent conseil, sous la présidence du baron de

(1) *Déclaration du Roy, par laquelle il défend de lever gens de
guerre sans son adueu et authorité ; et mande à tous ses subiects
catholicques de l'aller trouver en son armée.* A Lion, par Jean
PILLEHOTE, 1587, in-8° de 7 p. — Donnée à Gien, le 22 septembre
1587, publiée à Paris le samedi 26.

Dohna, et, effrayés des difficultés que présentait dans cette
saison le passage du fleuve, ils résolurent de prendre le
chemin de la Beauce, pour y vivre commodément et gras-
sement, jusqu'au moment où ils pourraient se réunir au
roi de Navarre (1).

Averti par de fidèles espions de ce brusque changement
de front, le duc de Guise quitta Auxerre le 23 octobre
avec sa petite armée, que venaient de renforcer les contin-
gents de Mayenne, d'Aumale, d'Elbeuf et de Brissac, et se
dirigea vers Châteaurenard ; mais ayant appris que les
ennemis se disposaient à passer entre Gien et Montargis
pour entrer dans le Gâtinais, il transporta ses quar-
tiers dans la nuit même à Courtenay, tandis que les Allemands, guidés par François de Châtillon, s'installaient à
Châtillon-sur-Loing (2). Mal secondé par Henri III, qu'il
tenait cependant au courant des moindres mouvements
des troupes (3), brûlant du désir de se mesurer avec
des ennemis, dont il soupçonnait le peu de cohésion, le
Balafré saisit l'occasion, plus tôt qu'il ne l'espérait, le
lundi 26 octobre ; et sa première attaque fut un succès
signalé.

L'armée confédérée, après avoir perdu quelques jours
à s'emparer de Bleneau, s'était avancée vers Montargis,
accompagnée par les nombreux chariots qu'elle traînait à
sa suite. Le 26, le baron de Dohna, avec quelques cornettes, s'était arrêté au bourg de Vimory, situé à une lieue
et demie au sud de Montargis, tandis que son infanterie

(1) Claude de LA CHASTRE, *Discours sur les faits advenus en
1587*, p. 100.

(2) Relation de Chastillon, dans les *Mémoires de la Ligue*, t. II,
p. 218.

(3) Lettres autographes du duc de Guise au Roi, des 25 et 29
novembre 1587. *Bibl. nat.*, Ms. fr. 4734, fol. 349 et 350.

s'établissait plus haut, à Ladon, les Suisses et l'artillerie occupant Corquilleroy au nord. Le duc de Guise, prévenu des intentions de l'ennemi par son habile lieutenant, La Chastre, — auquel on doit le récit détaillé de cette campagne, — et trouvant que les lignes allemandes très étendues lui donnaient la partie belle, quitta Courtenay ce même lundi matin, avec deux mille arquebusiers et quatre cents cavaliers d'élite, pensant atteindre en quelques heures un des corps détachés de reîtres. Sa marche ayant été retardée par le mauvais temps, il ne put réunir ses forces à Villemandeur, au sud de Montargis, qu'à la nuit tombante. Le duc de Mayenne, avec d'Aumale et d'Elbœuf, prit la tête suivi de la cavalerie, et atteignit ainsi Vimory à huit heures du soir. Les Allemands se laissèrent surprendre dans leurs logis : beaucoup furent tués ou faits prisonniers en un clin d'œil. Mais le baron de Dohna rallia six ou sept cornettes au milieu du désordre et chargea vigoureusement l'infanterie catholique, qui était accourue mettre le feu au village et pourchassait ses soldats de maison en maison. Mayenne fut obligé de venir au secours des gens de pied et d'engager un combat très meurtrier, dans lequel il perdit plus d'un gentilhomme d'élite. Il se mesura même un instant corps à corps avec Dohna, qu'il blessa légèrement à la tête. Les débris des reîtres réussirent à s'échapper, abandonnant tous leurs bagages et équipages, ainsi que huit ou neuf cents morts, tandis que Guise, maître de la situation, entrait dans Montargis, à dix heures du soir, tambourins et trompettes en tête, après avoir perdu seulement une centaine d'hommes.

L'effet de cette petite victoire fut immense : les Ligueurs l'accueillirent avec des transports d'enthousiasme. Le duc de Guise, dans une lettre adressée au roi quelques jours après le combat (1), évaluait le butin à quatre-vingt ou cent mille écus, avec profusion de chaînes d'or, de cordons de perles et autres objets précieux, parmi lesquels toute la vaisselle d'argent du baron de Dohna. De plus, les reîtres avaient été obligés d'abandonner douze à treize cents chariots et autant de chevaux. L'armée allemande, prise d'une véritable panique, se rallia assez difficilement et ne put se reformer qu'avec une extrême lenteur. Le 30 octobre, elle se trouvait concentrée dans les trois villages de Préfontaine, Treilles et Courtempierre, à très peu de distance au nord de Montargis, maugréant contre ses chefs, réclamant ses arriérés de solde et les moyens nécessaires pour remplacer ses bagages perdus. C'est avec beaucoup de peine qu'on réussit à l'empêcher de se mutiner.

Les chefs protestants, désireux de prendre leur revanche, essayèrent au commencement de novembre une surprise sur Montargis, que le duc de Guise put déjouer, malgré son petit nombre de troupes. Ils réussirent mieux à Château-Landon, que ne défendait qu'une garnison de vingt hommes, et poursuivirent leur route dans la direction de Malesherbes, où ils arrivèrent le 3 ou le 4 novembre, se répandant de là dans les plaines de la Beauce. Pendant ce temps, Guise, les sachant en pleine retraite, manquant de chevaux pour leur artillerie et leurs fourgons, et très à court de vivres, résolut de donner quelque repos à sa cavalerie harassée, et transporta tout d'un coup sa ligne d'opération fort en arrière, à Montereau, où il était le 6 novembre (2), au grand étonnement du roi, qui ne com-

---

(1) *Lettre de Henry de Lorraine au Roy*, du 30 octobre 1587. Ms. 4734, fol. 352.

(2) Ms. 4734, fol. 357. *Au Roy*, Montereau, 6 novembre 1587.

prenait rien à sa marche. Toujours jaloux des succès du Balafré, Henri III lui retirait toutes les troupes qu'il pouvait et laissait dévorer par le maréchal de Retz les vivres des contrées voisines, forçant les soldats de la Ligue à se diriger vers Étampes, où il espérait les avoir plus facilement sous la main.

Cette singulière attitude n'échappait à personne. Le légat écrivait au pape Sixte-Quint, dans une lettre éloquente où il jugeait avec une grande perspicacité la situation de la France : « Le roi joue sur le théâtre du monde le rôle d'un homme à deux personnes : roi plein d'espérances et roi plein d'alarmes. Il désire et redoute la défaite des catholiques. Ce chaos de sentiments le fait se défier de ses propres pensées. Il ne croit pas à lui-même, il ne croit plus qu'à d'Épernon (1). » Et d'Épernon n'avait qu'une pensée : négocier avec les Allemands et les Suisses, pour leur faciliter une rentrée honorable dans leur pays.

Parti de la Ferté-Alais le 15 novembre (2), le duc de Guise arrivait à Étampes le 17 ou le 18, avec douze cents lances et trois à quatre mille arquebusiers (3). Les ennemis avaient marché presque parallèlement ; et les reconnaissances signalaient les reîtres à Authon, au-dessous de Dourdan, et les Suisses à Saclas et à Guillerval. Le 21 novembre, le duc écrivait à Bonneval, où était le roi, pour l'avertir que les confédérés étaient très près de son camp, dans la direction d'Auneau, à une journée de marche environ et qu'ils cherchaient à se ravitailler dans les petites villes voisines (4). Sachant que le duc d'Épernon avait

____

(1) V. TEMPESTI, t. Ier, p. 346.
(2) Ms. 4734, fol. 373. *Lettre au Roy*. La Ferté, 15 novembre 1587.
(3) Cl. de LA CHASTRE, *Discours*, etc., p. 120.
(4) Ms. 4734, fol. 376. *Lettre de Henry de Lorraine au Roy*, 21 novembre.

ordre de Henri III de faire un accommodement avec l'ennemi, Guise résolut de hasarder de nouveau un brusque coup de main, que la situation défavorable du baron de Dohna rendait fort tentant. Ce général s'était imprudemment logé dans Auneau avec sept cornettes, sans avoir pu se rendre maître du château qui dominait le bourg et était gardé par un capitaine avec quelques soldats ligueurs armés de bonnes arquebuses. La Chastre trouva moyen de s'entendre avec ce capitaine (1), et l'on fixa l'attaque d'un commun accord au mardi matin, 24 novembre, après avoir amusé les reîtres par une brillante escarmouche, dirigée par le sieur de Vins qui, se laissant poursuivre, réussit à faire subir aux troupes ennemies des pertes sensibles.

Le Balafré était parti de Dourdan par une nuit profonde, et il arriva sous les murs d'Auneau le jour fixé, à quatre heures du matin, commandant lui-même toute la cavalerie, tandis que l'infanterie était sous les ordres de son lieutenant Saint-Paul. Les fantassins se mirent en marche, au petit jour, vers sept heures, et emportèrent, non sans peine, une barricade qui défendait l'entrée du village. Bientôt les reîtres surpris se mirent à fuir dans toutes les directions ; mais les issues étaient gardées par les troupes de Guise, et la plupart trouvèrent la mort sans combat. Dohna et La Huguerye parvinrent à se frayer un passage avec quelques cavaliers, et allèrent rejoindre les Suisses, qu'ils voulurent ramener sur le champ de bataille ; ceux-ci, voyant leur déroute, refusèrent de marcher, disant qu'ils en avaient assez et qu'ils ne demandaient qu'à retourner dans leur pays. L'échec de l'armée allemande fut aussi complet que possible et lui coûta deux mille hommes,

____

(1) La Chastre, *Discours*, etc., p. 129-150.

tant tués que blessés, et trois à quatre cents prisonniers, sans compter un énorme butin de chevaux, de chariots, et neuf cornettes, dont celle du duc de Mayenne, perdue à Vimory et qui fut reconquise à Auneau.

C'est à Artenay, où le roi s'était rendu avec son armée, qu'il reçut de la main de Claude de La Chastre, avec une apparente satisfaction, les étendards pris aux Allemands par le duc de Guise. Quant à ce dernier, il s'en retourna à Étampes, où il fit avec ses troupes une entrée triomphale et assista à une messe solennelle d'actions de grâces, suivie de réjouissances, dans lesquelles les Ligueurs célébrèrent à l'envi les mérites de leur chef, en ne se gênant pas pour rabaisser la Majesté royale. Le chroniqueur Pierre de l'Estoile raconte la colère d'Henri III, en apprenant l'attitude des amis de Guise ; et, en effet, « il n'y avoit prédicateur à Paris qui ne criast en chaire que Saül en avoit tué mille et David dix mille. » Puis, il ajoute, comme pour résumer la situation : « Ainsi la victoire d'Auneau fut le cantique de la Ligue, la resjouissance du clergé, la braverie de la noblesse guisarde et la jalousie du roy, qui reconnust bien qu'on ne donnoit ce laurier à la Ligue que pour faire flestrir le sien (1). »

Il arrive souvent que les hommes de guerre réputés les plus habiles doivent principalement leurs succès aux fautes des adversaires. Telle fut l'histoire de cette campagne de 1587, dans laquelle deux batailles de quelques heures anéantirent une armée des plus respectables par le nombre et par les ressources. C'est que les Allemands, très supérieurs de tous points aux troupes du duc de Guise, commirent l'erreur capitale de n'avoir aucun plan arrêté et de

____

(1) *Mémoires-journaux de l'Estoile*, édition de Jouaust, in-8º, 1876, t. III, p. 75.

manquer toutes les occasions. Rien ne leur aurait été plus facile, au milieu d'octobre, que de passer la Loire et de faire leur jonction avec le roi de Navarre, qui n'était séparé d'eux que par les troupes débandées de Joyeuse. Au lieu de cela, après avoir hésité longtemps, ils se déterminèrent à traverser en automne ces plaines fertiles, mais détrempées de la Beauce, où, selon un écrivain du temps, ils espéraient trouver des « avoynes » pour leurs chevaux et des « allouettes » pour eux-mêmes, et dans lesquelles ils ne rencontrèrent que des boues infranchissables et de misérables logements. Les mercenaires Suisses, peu habitués à la misère et à la maladie, lâchèrent les premiers et firent avec la cour un accommodement, dont la négociation fut facile. Dès le 5 novembre, après la bataille de Vimory, quelques-uns de leurs chefs s'étaient abouchés avec les représentants du roi au camp de Jargeau (1) ; et depuis ils avaient évité de s'engager, laissant à leurs alliés toute la responsabilité et tout le poids de la guerre. La défaite des reîtres à Auneau les décida à accepter toutes les clauses de la capitulation, qui fut signée à Artenay, le 27 novembre.

La reine-mère, avisée le soir même de l'issue des négociations, envoya le 28 le gouverneur de Paris, Villequier, au Parlement, pour lui annoncer que les Suisses protestants étaient venus se jeter aux pieds du roi, en lui jurant de ne plus jamais porter les armes contre la France et que, par suite de cette défection, l'armée allemande, prise d'épouvante, battait en retraite, après avoir enterré son artillerie et brûlé ses chariots, « chose qui valloit le gain d'une bataille (2). » Catherine fit promptement chanter

(1) *Les Allemands en France*, par Alex. TUETEY. Paris, 1883, in-8°, t. Iᵉʳ, p. 130.
(2) Registres du Parlement de Paris, aux Archives nationales.

un *Te Deum* à Notre-Dame, espérant faire oublier aux Parisiens les victoires de Guise, en célébrant la paix conclue par le roi. Mais l'heure des petites habiletés était passée ; et les Ligueurs se savaient déjà les maîtres de la plupart des grandes villes. Quant aux Suisses, dès le 29 novembre, ils passaient par Étampes, où on leur comptait une partie de leur solde arriérée ; et ils se dirigeaient de là vers leur pays, par la Bourgogne et la Franche-Comté, fort heureux de se retrouver environ trois mille hommes valides, après être partis au nombre de quinze à seize mille quelques mois auparavant.

Un découragement non moins grand avait envahi l'esprit des Allemands, quand ils s'étaient vus surpris et abandonnés, dépourvus de munitions et de bagages. Ils avaient aussitôt battu en retraite dans la direction de Lorris et de Gien ; et le désordre se mit dans leurs rangs à un tel point, que douze cents lansquenets se laissèrent désarmer par vingt-cinq arquebusiers français, et que François de Châtillon eut grand peine à rallier les fuyards à la Bussière, pour les diriger sur Bonny, petite ville sur la Loire, d'où on les avait vus partir en belle ordonnance à la mi-octobre. A leur entrée dans le Morvan, la retraite se changea en déroute. Les malheureux reîtres, sans pain, sans fourrage pour leurs chevaux, s'arrêtaient dans les maisons ou dans les bois et se laissaient égorger par les paysans, qui en massacrèrent plus de quinze cents. Davila raconte qu'une femme, ayant vu dix-huit de ces pauvres soldats se réfugier dans une grange, harassés de fatigue, les alla tuer tous, les uns après les autres, avec le même couteau (1). Leurs chefs auraient bien voulu obtenir une capitulation à quelque prix que ce fût ; mais le duc de

____

(1) Davila *Historia della guerre di Francia*, t. Ier, p. 499.

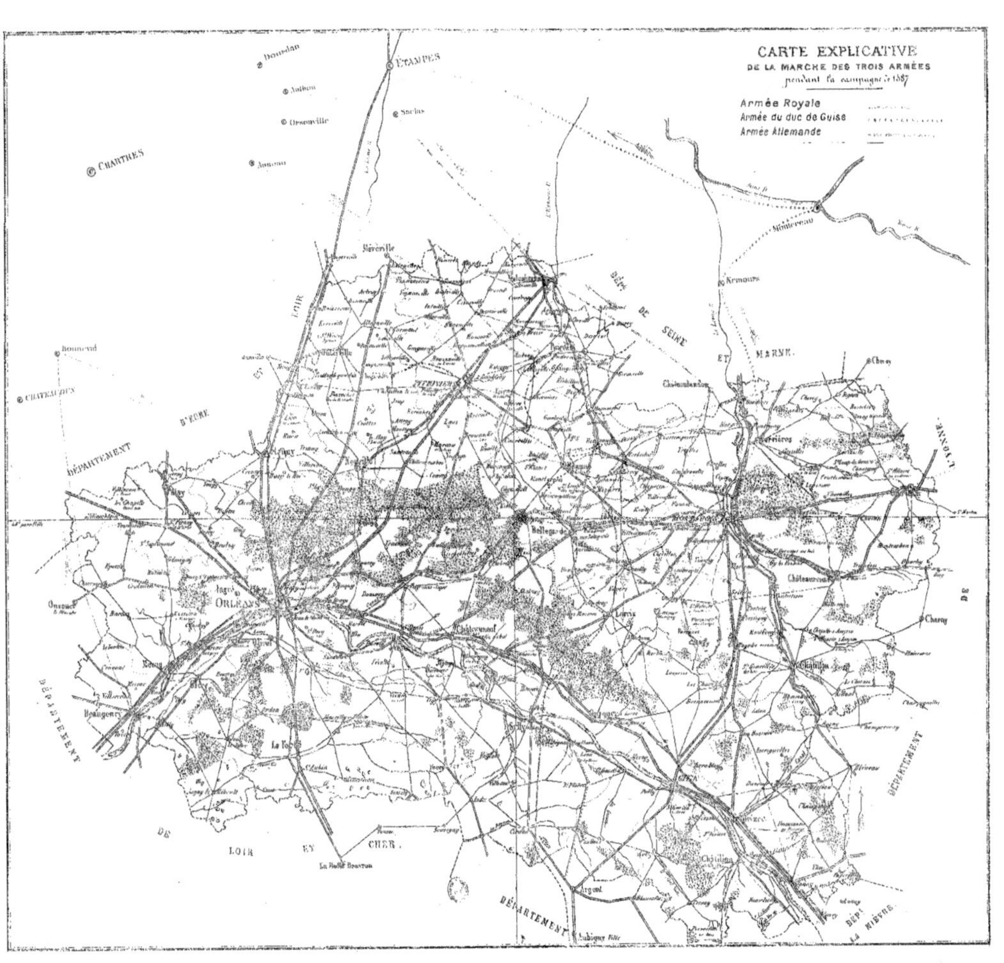

CARTE EXPLICATIVE
DE LA MARCHE DES TROIS ARMÉES
pendant la campagne de 1587
Armée Royale
Armée du duc de Guise
Armée Allemande
CHARTRES
Dourdan
ÉTAMPES
Auhiu
Orsonville
Annum
Snelus
Bonneval
CHATEAUDUN
DÉPARTEMENT
D'EURE ET LOIR
DÉPARTEMENT
D'EURE
LOIR
DÉP. DE SEINE ET MARNE
Nemours
Montereau
ORLÉANS
Beaugency
Châteauneuf
La Ferté
DÉPARTEMENT DE LOIR ET CHER
La Ferté Beauvron
Argent
Châtillon
Châtillon
Gien
Charay
YONNE
DÉPARTEMENT
DÉP. DE LA NIÈVRE
Bellegarde

Guise les poursuivait l'épée dans les reins et ne leur laissait pas le loisir de négocier avec Henri III. Cependant,
l'armée royale s'avançait d'Artenay à Chilleurs-aux-Bois, à
Lorris et à Bonny, suivant les Allemands d'étape en étape
et semblant prendre à tâche de les ménager et de leur
faciliter la marche. Guise se plaignait « des estranges
faveurs et ouvertes conivences que Espernon faict paroistre
à l'endroict des enemis (1) ; » et il était obligé par ordre
du roi de cesser sa « pourchasse ». Aussi, les reîtres, déjà
parvenus dans le Mâconnais, eurent-ils tout le loisir de
s'entendre avec les représentants de la cour ; et, le 8
décembre, le baron de Dohna, le prince de Conti et le duc
de Bouillon signaient à Marcigny une pacification générale,
comprenant à la fois les Français et les étrangers.

L'Orléanais avait été occupé deux mois à peine ; et ses
habitants furent singulièrement heureux d'être débarrassés,
plus tôt qu'ils n'avaient osé l'espérer, d'hôtes fort incom-
modes. Qu'on se figure quels désordres durent causer les
allées et venues de trois armées, manœuvrant simultané-
ment depuis le plateau de la Beauce jusqu'aux bords de
la Loire, vivant sur la contrée, ne ménageant aux paysans
ni réquisitions, ni mauvais traitements, laissant derrière
elles des morts, des blessés, des malades, à une époque
où l'organisation des ambulances ne venait à la pensée de
personne. Et pourtant nos écrivains locaux ont laissé peu
de témoignages particuliers sur cette courte campagne (2) ;

(1) *Lettre du duc de Guise*, du 16 décembre 1587, publiée par
M. J. de Croze, dans *les Guises, les Valois et Philippe II*, t. II,
p. 303.

(2) Seule, l'*Histoire d'Orléans* de l'abbé Pataud, manuscrit de la
fin du siècle dernier, qui n'est pas sans mérite, consacre quelques
pages à la guerre de 1587. Après avoir raconté qu'à la sollicitation
d'Hurault de Cheverni, chancelier et gouverneur d'Orléans, le maire

et c'est dans les histoires générales et dans les documents étrangers à la province qu'il faut aller chercher les quelques détails qui nous sont demeurés sur ces événements, vieux déjà de trois siècles. Entre les guerres civiles de la Réforme et de la Ligue, cet épisode si glorieux pour les armes françaises est bien fait pour reposer l'esprit et ranimer un peu le patriotisme. Il permet d'attendre avec quelque honneur la période d'apaisement et de rénovation qui assurera le vrai triomphe du parti national par l'avènement du premier Bourbon, par le règne du grand Henri IV.

et les échevins avaient enrôlé des soldats et voté des subsides, il ajoute : « L'esprit de parti agitoit plus que jamais notre ville inquiète ; les uns tenoient pour le roi, les autres imploroient l'appui des princes protestants d'Allemagne ; tous cédoient à l'ascendant des ligueurs, toujours prompts à suivre l'impulsion donnée par les princes lorrains. » Au mois de juillet, le rendez-vous des « volontaires nationaux » avait lieu à Gien ; en même temps, le duc de Guise était renforcé par les troupes que le fils de Balzac d'Entragues lui amenait des environs d'Orléans. Et l'auteur remarque que, « après différentes escarmouches dont la plus chaude fut celle de Villiers-Lezard, commune de Chaussi-en-Beauce, les protestans se vengèrent de la défaite d'Auneau sur François de Balzac, et ils pillèrent le château de Malesherbes. » Puis il termine en disant que François de Coligni, seigneur de Châtillon-sur-Loing, protégea la retraite des Allemands à a Bussière et à Bonny, et facilita leur accord avec la cour. (Bibliothèque d'Orléans, Ms. 437, fol. 335-339.)

APPENDICE

PIÈCES IMPRIMÉES RELATIVES A LA CAMPAGNE DE 1587

Accort et Capitulation faict entre le Roy de Navarre et le Duc de Cazimir, pour la louee de l'armee des Reistres venus en France en l'añee 1587. — A Strasbourg, chez Oel Boum Hengot, 1587, in-8 de 40 p. — Strasbourg, G. le Porché, in-8, 1588.

> Collationné le 4 juillet 1587.
> Bibliothèque nationale.

Déclaration et Protestation du Roy de Navarre, sur la venue de son armée en l'annee presente. — Sans lieu, 1587, in-8 de 8 p.

> Donnée à Fontenay-le-Comte, au mois de juillet 1587.
> Bibliothèque nationale.

Declaratio causarum, quibus serenissimus Rex Navarrœ, primus regii Francorum sanguinis princeps, eiusdemq: regni heres, etc., externum militem conscribere coactus est. In qua et totius huius postremi civilis belli fontes et causœ breviter aperiuntur. — Rupellis, apud Petrum Haltinum, anno M.D.XXCVII, in-4 de 6 fol.

La déclaration a été signée à La Rochelle, le 10 juillet 1587, par

Henri de Navarre, et contre-signée : *Alliarius*. Elle est l'œuvre d'un légiste protestant et est pleine de citations, de notes et d'arguments théologiques autant que juridiques.
Bibliothèque nationale.

Du passage et route que tiennent les Reistres et Allemans, estans repoussez par le Duc de Lorraine ; avec le nombre de gens d'ordonnance de leur gendarmerie. — 1° A Paris, pour Michel Buffet, 1587, in-8 de 14 p. — 2° A Paris, jouxte la copie imprimée par M. Buffet pour H. Velu, 1587, in-8. — 3° A Lyon, sur la copie imprimée à Paris, 1587, in-8 de 16 p.

Réimprimé, à 200 exemplaires numérotés, dans la *Collection de curiosités historiques et littéraires.*
Sur le commencement de l'invasion des troupes étrangères en Lorraine.
Bibliothèque nationale.

La Deffaite de trois Cornettes de Reistres par le commandement de Monseigneur le Duc de Guise. — A Lyon, par Jean Pillehotte, 1587, in-8 de 8 p. — Paris, P. Ramier, 1587.

C'est le récit d'une petite rencontre qui eut lieu en Lorraine, au mois d'août ou de septembre 1587.
Bibliothèque nationale.

Mandement du Roy sur la Convocation et Monstre des compagnies de sa gendarmerie, ès lieux et provinces designez par iceluy. — A Paris, par Federic Morel, 1587, in-8 de 16 p.

Donné à Meaux le 23 juin 1587, signé : *Henry*, et plus bas : *Deneufville.* Les convocations sont faites, pour les diverses compagnies, à Chaumont-en-Bassigny, le 20 juillet ; à Saint-Florentin, le 1er août ; « en nostre ville de Gyan, sur la rivière de Loire, ledict premier iour d'aoust. »
Bibliothèque nationale.

Edit du Roy pour assembler son armee, pour aller au-devant des Allemands.

Donné à Meaux, le 23 juin 1587. Nous n'avons pu retrouver l'édition originale. Réimprimé dans les *Mémoires de la Ligue*, t. II, p. 196.

*Mandement du Roy, pour la convocation de toutes ses com-
pagnies de gens de guerre, à Montereau Faut-Yonne.* —
A Lyon, par Jean Pillehotte, 1587, in-8 de 7 p.

> Publié à Paris, le 23 septembre 1587.
> Bibliothèque de Lyon. Dans la collection connue sous le nom de
> *Recueil Vert.*

*La Coppie de la harangue qu'a faict le Roy à Messieurs de
Paris, devant que monter à cheval pour aller à la guerre.*
— A Lyon, par Jean Pillehotte, 1587, in-8 de 8 p.

> Le roi va rejoindre son armée à Gien.
> Bibliothèque nationale.

*Lettres du Roy au Seneschal de Lyon ou à son Lieutenât,
pour faire assembler tous Nobles, Vassaux et autres Subiects au Ban et Arriereban, en la principalle ville de leur
ressort, au premier iour du mois d'aoust prochain, montez, armez et en tel equipage qu'il est porté par les Ordon-
nâces.* — A Lyon, par Jehan Pillehotte, 1587, in-8 de 4 fol.

> Données à Meaux, le « dernier iour » de juin 1587.
> Bibliothèque de Lyon.

*Déclaration du Roy, par laquelle il défend de lever gens de
guerre sans son adueu et authorité, et mande à tous ses
subiects catholiques de l'aller trouver en son armee.* — A
Lion, par Jean Pillehote, 1587, in-8 de 7 p.

> Donnée à Gien, le 22 septembre 1587; publiée à Paris, le samedi 26
> suivant.
> Bibliothèque nationale.

*Harangue sur les causes de la guerre entreprise contre les
Rebelles et seditieux du Royaume de France.* Enuoyée à
Monseigneur le Duc de Guyse et à toute la Noblesse catholique
de France, ce 4 d'octobre 1587. Par un Evesque de l'Eglise
catholique, apostolique et romaine. — A Paris, selon la coppie
imprimee à Troyes, pour Iean Dauphin, imprimeur, 1587,
avec permission, in-8 de 24 p.

> C'est un réquisitoire assez vif et parfois éloquent contre les protes-

tants, et un appel aux princes pour les engager à combattre « vertueusement pour la conservation de ce noble et illustre Royaume, que ces rebelles taschent à renverser. »

Bibliothèque nationale.

Ample Discours de la deffaite de vingt-une Cornettes de Reystres, faicte à Vimory en Gastinois, près Montargis, le vingt sixiesme iour d'octobre, mil cinq cents quatre vingts sept. Par Messeigneurs le Duc de Guyse et du Mayne. — A Lyon, par Jean Pillehotte, 1587, in-8 de 13 p.

Cette pièce intéressante sur la bataille de Vimory manque à la Bibliothèque nationale.

Discours de la nouvelle deffaicte des Reistres, pres Montargis, par Monseigneur le Duc de Guyse. — A Paris, pour Pierre Mesnier, demourant rue d'Arras, pres la porte Sainct-Victor, 1587, in-8 de 4 fol.

Récit insignifiant sur ce que l'auteur appelle deux fois la bataille de « *Viniaury.* »

Bibliothèque nationale.

Bref Discours de tout ce qui s'est passé en l'armée de Monseigneur de Guyse, depuis le vingtième jour du mois d'octobre jusques au vingtsixesme ensuivant. — Suivant la coppie imprimée à Orleans, par Iean le Bret. 1587, pet. in-8 de 8 fol., sans lieu.

Assez curieuse pièce sur la bataille de Vimory. On y lit que « tout le riche equipage du Baron de Donne, colonnel desdicts Reistres, a esté pris, jusques à ses atabales (1) mesmes, et deux chameaux, lesquels ledict Sieur de Guyse a envoyez a la Royne mere du Roy. » La petite plaquette se termine ainsi : « De sorte qu'il faut esperer que Dieu nous fera la grace, ou d'en engresser les campagnes de la Beausse où ils sont, ou les faire retourner d'où ils viennent, s'ils en peuvent trouver le chemin. »

Bibliothèque nationale.

(1) Les *atabales* étaient des tambours ou timbales de cavalerie en usage chez les Maures.

Coppie des lettres envoyées de l'armée du Roy, conduicte par Messeigneurs les Ducs de Guise et du Mayne, escrites à Loré le Boccage, le trentiesme d'octobre 1587. Contenant amplement tout ce qui s'est passé en ladicte armée, de puis le 20 dudict mois jusques au 26 ensuivant, qui fut le jour de la défaicte de 21 cornettes de Reystres, faicte par lesdicts Seigneurs Ducs de Guyse et du Mayne, près Montargis. — Lyon, Jean Pillehotte, 1587, in-8 de 16 p.

Manque à la Bibliothèque nationale ; se trouve à Lyon.

Copia delle lettere inviate dall'armata del Re, condotta dalli sig. duca di Ghisa, et Dumayne, scritte à Lorè le Boccage, alli 30 d'ottobre MDLXXXVII. — In Bologna, per Alessandro Benacci, 1587, in-4 de 7 p.

Récit de la bataille de Vimory et de l'entrée du duc de Guise à Montargis. Traduction italienne de la pièce précédente.
Bibliothèque nationale.

Discours de l'Estat de l'armee des Reystres, depuis qu'ils ont perdu l'esperance du passage de la riviere de Loyre. — Sans lieu, 1587, in-8 de 8 p.

C'est une sorte de lettre faisant suite à une autre. Les Huguenots ont été empêchés par le roi de passer la Loire ; ils se sont retirés sur Montargis et sont fort désespérés de n'être pas plus énergiquement soutenus par les chefs protestants français.
Bibliothèque nationale.

La Deffaite nouvelle des Suisses par les Albanois, qui sont de la suitte de Monsieur le Duc de Guise. — A Paris, par Hubert Velu, 1587, in-8 de 4 fol., avec une jolie gravure sur le titre.

C'est le récit d'une petite affaire qui eut lieu le mardi 10 novembre 1587, quelques jours avant la bataille d'Auneau. « Monsieur le Duc de Guyse ayant esté adverty que les Reistres avoient laissé dans Angerville une des plus grosses pièces de leurs canons, gardée par trois ou quatre cens Suysses, se delibera d'y envoyer quelques compagnies de ses troupes, scachant fort bien qu'un tel acte ne méritoit de mettre sa vie propre en hazard ; entre les autres, il choisit les Albanois auxquels il donna charge d'ataquer lesdits Suysses, qui ne faillirent d'executer la condition, tellement qu'ils montirent à cheval incontinant, se meirent dessus de telle furie, qu'ils se rendirent les maistres de la campagne en laquelle estoit ladicte piece d'artillerie, laquelle fut emmenee par lesdicts Albanois, après avoir taillé en pièces les Suysses qui la gardoient. En cette defaicte a esté tué le capitaine de l'artillerie des Reistres, dont a esté fort fasché et marry le Baron d'Aune, conducteur en chef des Allemans qui sont venus secourir les perturbateurs du repos public de France, a raison de l'experience qu'il avoit de la guerre. » On sait que les Albanais servirent souvent comme troupes mercenaires à la solde de la France, de l'Espagne ou de Venise, pendant le XVe et le XVI° siècle.

Bibliothèque nationale.

La nouvelle deffaicte et surprinse des Reistres, faicte par Monseigneur le duc de Guyse, Mardy matin, vingt quatriesme iour du present mois de Novembre mil cinq cens quatre vingts sept, dedans Aulneau. Ensemble comment ils furent surprins, et le nombre des morts, blessez et prisonniers. — Paris, chez Didier-Millet, 1587, 14 p. in-8.

La bataille d'Auneau est bien du 24 novembre 1587, quoique plusieurs pièces suivantes donnent une autre date.

Bibliothèque nationale.

Le Vray Discours sur la route et admirable desconfiture des Reistres : advenue par la vertu et prouësse de Monseigneur le Duc de Guyse, sous l'authorité du Roy, à Angerville, le vendredy XXVIJ *de Novembre 1587, avec le nombre des morts, des blessés et prisonniers. Ensemble le cantique* TE DEUM, *chanté en grande resiouissance, en l'Eglise Nostre-Dame de Paris.* — A Lyon, par Jean Pillehotte, 1587, in-8 de 16 p. — A Paris, par P. Chevillot, 1587.

Reproduit textuellement dans l'ouvrage intitulé : *Angerville-la-Gate*, par E. Menault. — Paris, Aubry, 1859, in-8, p. 91 à 100.

Bibliothèque nationale.

Discours veritable de ce qui s'est passe en la ville d'Estampes, et ès environs, depuis le vingt troisiesme octobre iusques au cinquiesme de decembre mil cinq cens quatre vingts sept. — Paris, J. Richer, 1588, in-8.

Bibliothèque nationale.

Discours tres ample et tres veritable: contenant plus particu-
lièrement l'entiere desroutte et deffaicte de l'armée des Hu- ♂
guenots, faicte par le tres chrestien Roy Henry, troisiesme
de ce nom, et les Princes et Seigneurs catholiques, au mois
de Novembre dernier. — A Lyon, par Jean Pillehotte, 1588,
in-8 de 32 p.

> C'est la publication la plus curieuse et la plus détaillée sur la bataille
> d'Aulneau, avec de nombreuses gravures sur bois dans le texte.
> Bibliothèque nationale.

Lettres escriptes par Monseigneur le Duc de Guyse, touchant
la deffaicte des Reystres, pres le chasteau d'Ouneau, du
22 Novembre 1587. — A Lyon, par Jehan Pillehotte, 1587,
in-8 de 3 fol.

> Manque à la Bibliothèque nationale.

Coppie des lettres de Monseigneur le duc de Nevers, escriptes
à Baugency, le 28 Novembre 1587, envoyees à Monsieur
de Mandelot, gouverneur et lieutenant general pour le Roy
à Lyon. Contenant le retour des Suysses qui estoyent venus
en France pour les Huguenotz, et la défaicte de huict Cor-
nettes de Reistres, sur le chemin de Nogent à la Bussière,
par Monseigneur le duc de Guyse, Pair et Grand Maistre
de France. — A Lyon, par Jehan Pillehotte, 1587, in-8 de
3 fol.

> Manque à la Bibliothèque nationale.

Lettre du Roy, escrite à Monsieur le Compte des Cars, tou-
chant la deffaite de deux mille chevaux Reistres, et sepa-
ration des Suisses. Avec un extraict d'une lettre escrite aux
Consuls de Perigueux, contenant autres nouvelles. — Sans
lieu, imprimé nouvellement. 1587, in-8 de 6 fol.

> La lettre de Henri III, contre-signée « De Neuf-Ville, » est datée du
> « camp de Bonneval, le vingt-sixiesme novembre. »
> La seconde pièce est un récit de la bataille d'Auneau, qui commence
> ainsi : « Le conte Bouc, collonnel des Reistres Huguenots, s'en vint

loger dans une petite ville et chasteau, que l'on appelle Oneau, appartenant à Monsieur du Bouchage. »
Bibliothèque nationale.

Sommaire discours de toutes les deffaictes des Reistres, qui ont este depuis leur partement d'Allemaigne, iusques à leur rendition, qui fut le neufiesme de ce present mois de Decembre. Paris, D. Millot, 1587, in-8 de 16 p. — Réimprimé sans aucune note, par Cimber et Danjou : *Archives curieuses de l'histoire de France*, t. XI, pp. 271-275.

C'est un résumé sans beaucoup d'ordre de la campagne de 1587, dans laquelle il a été perdu « au moins dix à douze mille hommes et huit mille chevaux, et deux mille chariots, et dix-neuf pièces de canon. » Le sous-titre porte la disposition suivante :

Et premièrement,

1. Entre Nancy et Blasmont.
2. A Ville Mory pres de Montargis.
3. A Aulneau pres de Chartres.
4. La Route et fuite desdits Reistres.

Avec

Le nombre des morts, blessez et prisonniers, perte de leur artillerie, chariots et bagages qui sont demourez en France.
Bibliothèque nationale.

Coppie de lettre envoyee par un Gentil-homme de l'armée du Roy à un sien amy, contenant au vray tout ce qui s'y est passé, depuis le partement de Sa Majesté de la ville de Paris, iusques à la desroutte des Reistres. — A Paris, pour la veufve Nicolas Ronet, sur le pont Saint-Michel, 1587, in-8 de 36 p.

La lettre est datée « du camp Royal de Bonneval, ce..... iour de Novembre 1587. » On lit cette note d'une écriture du commencement du XVII° siècle, sur le titre de l'exemplaire de la Bibliothèque de la rue de Richelieu : « Le S^r des Gorges a envoie la lrê pô faire entendre que Mon^s de Nevers et non le duc Despernon avoit negotie le retour des Suisses. »

Le roi, « laissant la Royne sa mere Régente à Paris, » part le samedi 12 septembre, « a trois houres de relevee ; » il évite Montargis, « pour le danger de la peste, » arrive à Lorris et de là à Gien, puis à « Sully sur Loyre, la Ferté Auvrain, St Aignan, Chiverny, Blois, Marche-noir, Pastey, Janville, Pluviers, Beaumont, Montargis, Nogent, Gien, Chastillon sur Loyre, Fere, La Charité, Cosne, Neufvy sur Loire, Lere, Chastillon sur Loyre, Gien, Sully, Jargeau, Ingré (M. d'Entragues s'étoit porter bien que fort malade, pour recevoir le roi passant par Orléans), Meun sur Loyre, Boisgency, Bonneval. » Nous croyons que cet itinéraire doit être rectifié sur plusieurs points, celui entre autres du passage de Henri III par Orléans.

Bibliothèque nationale.

Coppie de lettre envoyee par un gentilhomme de l'armee du Roy à un sien amy, contenant au vray ce qui s'y est passé, depuis le partement de Sa Maiesté de la ville de Paris, iusques à la desroutte des Reistres. Prinse sur la copie imprimee à Paris. — A Lyon, par Benoist Rigaud, 1588, in-8 de 28 p.

Deux petites gravures; beaucoup de détails sur l'itinéraire du Roi et de son armée.

Manque à la Bibliothèque nationale.

La rendition et Protestation de douze mille Suisses au Roy, qui s'estoyent encheminez contre Sa Majesté, avec un sommaire de tout ce qui s'est passé depuis l'advenue des Reistres en Frâce iusques à present. — A Lyon, par Benoist Rigaud, 1587, in-8 de 141 p. — A Paris, G. Linocier, 1587, in-8.

Bibliothèque nationale et Bibliothèque de Lyon.

Resiouissance Chrestienne des vrais et naturels François, pour la reddition generale des Reistres à l'obeissance du Roy, avec le Te Deum *chanté en l'Eglise Nostre-Dame, et Feux de ioyes faicts, ce 14 Decembre 1587.* — A Paris, par Pierre Chevillot, au Palais, 1587, in-8 de 22 p.

A la p. 17, un nouveau titre portant : *Sur la victoire d'Auneau.* Les six dernières pages, bien que rien ne l'indique, sont une sorte de cantique en assez bons vers. D'ailleurs, aucune particularité digne de remarque.

Bibliothèque nationale.

Les Feuz de ioye, faicts à Paris, touchant la reddition des Reistres, au Roy tres chrestien de France et de Pologne. Avec un Te Deum *solennel chanté en l'église nostre Dame, lundy quatoriesme iour de Decembre 1587.* — A Paris, par Hubert Velu, demeurant à la rue d'Arras, sans date, in-8 de 13 p.

Il y est dit que « Monseigneur le Duc de Guyse, par moyen subtil, a tué petit à petit un grand nombre desdits estrangers, qu'ils se sont rendus à la mercy du Roy, le dixiesme iour de ce présent mois de Decembre, » et que « le pacquet de bonnes nouvelles qua receu la Royne de la part du Roy a esté apporté par Monsieur d'Alaincourt, gentil'hôme de la maison du Roy et fils de Monsieur de Villeroy, secretaire des commandemens.

Bibliothèque nationale.

Congratulation a la France sur les victoires obtenues par le Roy contre les estrangers, et son heureux retour en sa bonne ville de Paris, le 23 Décembre, avec les magnificences qui ont esté faictes à son arrivée. — Paris, Pierre Chevillot, 1587, in-8 de 15 p.

Cette pièce, d'une phraséologie emphatique fatigante, est tout entière à la louange de Henri III. Le nom du duc de Guise n'y figure même pas. Elle se termine ainsi : « Au Roy Très-Chrestien et très-victorieux Henri III, Roy de France et de Pologne, Pere du Peuple, pour l'heureux succès de ses victoires, contre les Reistres, Suisses, Lansquenets et autres : sa ville de Paris, très-fidelle et très-obéissante, luy voüe et désire perpetuelle félicité. »

Bibliothèque nationale.

Responsio ad scriptum Baronis Fabiani a Donaw, quod de sua in Galliam expeditione auxilio Serenissimi Regis Navarræ et ecclesiarum Gallicarum suscepta, Germanice edidit. — Anno 1588, in-4 de 20 p., sans lieu.

Écrit protestant, plein de finesse et d'atticisme, fait dans le but de défendre le roi de Navarre et le duc de Bouillon, que Dohna avait accusés d'être la cause de sa défaite. L'auteur dit au général allemand, qui était, paraît-il, un lettré médiocre : « Quoniam aut Alexandri illius Magni, aut Cæsaris Julii gloriam rebus gestis æquare non potueras, licebat ad Xenophontis laudem adspirare, quem legisti, ni fallor, Græcorum exiguum numerum in patriam reduxisse ex intima Asia, salvum, cum iter aliquot mensium per inimicissimas et ferocissimas gentes confecisset. »

Ce petit écrit est attribué à Jacques de Bongars, secrétaire de Ségur, qui résidait alors à Francfort, comme représentant du roi de Navarre. Il répond sans doute au pamphlet qu'en avril 1588 le baron de Dohna

fit distribuer à la foire de Francfort, sous ce titre : *Perfidia et impos-
turiæ Segurii.*
Bibliothèque nationale.

*Ad Nobilis cuiusdam Germani literas, super Germanorum
auxiliaribus copiis nuper fusis et cœsis, clarissimi viri
Responsio.* — Parisiis, apud Guillelmum Bichonium, via Ja-
cobæa, sub signo hinnulei. 1588, cum Privilegio Regis, in-8
de 55 p.

Ces deux lettres sont adressées à « Rodolphus Gesnerius Herbipolen-
sis. » Ce sont des épigrammes assez lourdes contre les Allemands et
leur campagne peu glorieuse en France. Qu'était ce Gesner de Wurtz-
bourg, en Bavière? Sans doute un des nombreux écrivains qui, sous
l'inspiration du baron de Dohna, publièrent de violents libelles contre
les princes protestants français. M. de Ruble a donné les titres de quelques-uns de ces pamphlets qui parurent en Allemagne dans les premiers mois de 1588. (V. p. 16 de l'Introduction aux *Mémoires inédits
de Michel de la Huguerye.*)
Bibliothèque nationale.

*Histoire contenant les plus memorables faits advenus en l'an
1587, tant en l'armee commandee par Monsieur le Duc de
Guyse qu'en celle des Huguenots, conduite par le Duc de
Bouillon.* — Avec la coppie de l'Inscription mise nouvellement (pour memoire) en une table d'airain, dans l'Eglise à
Sainct Claude ; rendant là, par ledit Seigneur de Guyse et les
Princes, Ducs, Comtes et Gês-d'armes de son armee, graces
à Dieu et les vœux au Sainct, à cause de la victoire par eux
obtenue à l'encontre des ennemis de l'Eglise catholique (1).
— Le tout envoyé par un Gentil-homme François à la Royne
d'Angleterre. — A Paris, chez Didier Millot, 1588, avec permission, in-8 de 48 fol.

Cette première édition de l'ouvrage de Claude de la Chastre a été
suivie, la même année, d'une réimpression à Lyon (sur la copie de
Paris), puis de deux autres éditions à Paris, chez G. Bichon. L'une porte
la mention suivante : « Reveüe, corrigee et augmentee par l'Auteur.
Troisiesme édition. »
Bibliothèque nationale.

(1) L'inscription latine de l'église de Saint-Claude est au fol. 44.

Commentarius de rebus, pace belloque gestis dom. Fabiani senioris, Burggravii a Dohna, domini in Karwinden. Ejusdem Fabiani a Dohna precationes et suspicia. Editore Gerardo Johanne Vossio, a quo quid prestitum sit, ex præfatione cognosces. — Lugduni Batavorum, ex officina Elzeviriana, anno M.DC.XXVIII, in-4 de 16 ff. et de 199 p., avec un portrait et un frontispice gravé.

Cet ouvrage, publié à Leyde par les fils du baron de Dohna, est fort rare en France; il manque à la Bibliothèque nationale et ne se trouve qu'à la Mazarine. — Dohna était mort à Sal, en 1622. En 1591, il était revenu en France secourir Henri IV, à la tête d'un régiment de mille chevaux, sous le commandement du prince d'Anhalt.

IMP GEORGES JACOB, — ORLÉANS.

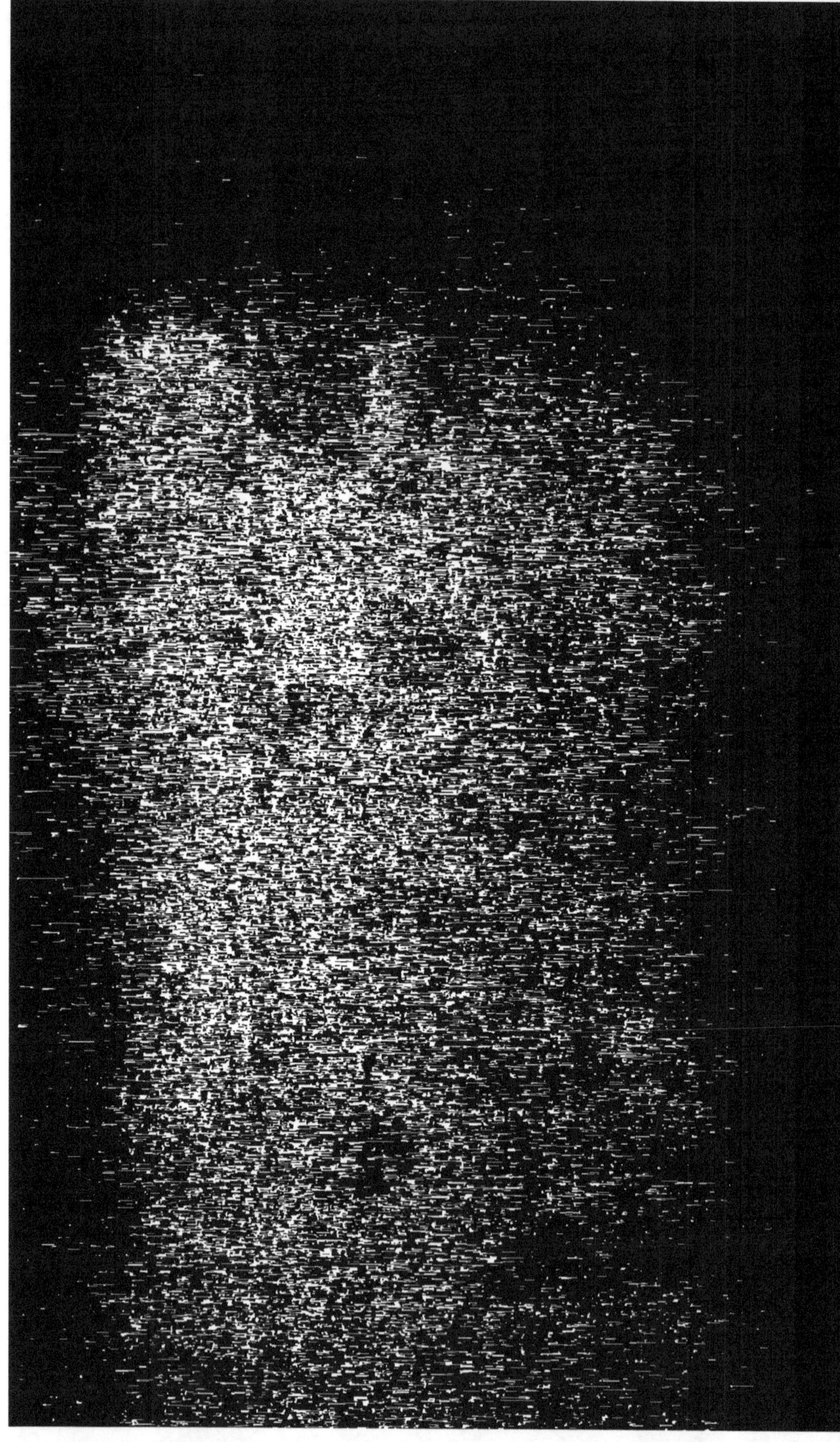

www.ingramcontent.com/pod-product-compliance
Lightning Source LLC
Chambersburg PA
CBHW061718060726
47597CB00006B/2447